Tradiciones culturales en

Japón

Lynn Peppas

Traducción de
**Paulina Najar–
Petersen**

Crabtree Publishing
crabtreebooks.com

Crabtree Publishing

crabtreebooks.com   800-387-7650

Copyright © 2024 Crabtree Publishing

Author: Lynn Peppas
Publishing plan research and development:
    Sean Charlebois, Reagan Miller
    Crabtree Publishing Company
Project coordinator: Kathy Middleton
Editors: Adrianna Morganelli, Crystal Sikkens
Proofreader: Kathy Middleton
Translation to Spanish: Paulina Najar-Petersen
Spanish-language copyediting and proofreading: Base Tres
Photo research: Allison Napier, Crystal Sikkens
Design & Production coordinator: Margaret Amy Salter
Cover design: Katherine Kantor
Prepress technician: Margaret Amy Salter
Print coordinator: Katherine Kantor

Cover: Japanese lanterns on a cherry blossom
    tree (top); Kinkaku-ji, or Temple of the Golden
    Pavilion, in Kyoto, Japan (center); Japanese New
    Year decoration (bottom left); geisha (middle right);
    Gion matsuri festival in Kyoto, Japan (middle left);
    Japanese carp kites used for decoration on Children's
    Day (top right); sushi (bottom right)

Title page: A Japanese women in a traditional
    kimono by a cherry blossom tree

Published in Canada
Crabtree Publishing
616 Welland Avenue
St. Catharines, Ontario
L2M 5V6

Published in the United
States Crabtree Publishing
347 Fifth Avenue
Suite 1402-145
New York, NY 10016

Paperback   978-1-0396-4423-6
Ebook (pdf) 978-1-0396-4383-3

Printed in Canada/122023/CP20231206

Photographs:
Alamy: © JTB Photo Communications, Inc:
    page 15 (bottom)
Kyodo/AP Images: page 25 (bottom)
    © Toru Hanai/Reuters/Corbis: page 29
Dreamstime: page 28 (top right)
Fotolia: page 28 (top left)
iStockphoto: Kiyoshi Ota: page 30
Keystone Press: page 22 (left); © Natsuki Sakai/
    AFLO/Zumapress.com: page 31 (bottom)
Photodisc: page 7
Shutterstock: cover (top, top right, center, bottom left and
    right), pages 1, 6, 13, 14, 16, 17, 20, 28 (top and bottom);
    rudiuk: cover (geisha); Chiharu cover (middle left);
    J. Henning Buchholz: page 8; Chiharu: page 10;
    SeanPavonePhoto: page 18; Solodov Alexey:
    page 22 (right); Kobby Dagan: page 24; Attila JANDI:
    page 24–25 (background); Northfoto: page 31 (top)
Thinkstock: pages 4, 5, 9, 15 (top), 19, 26
Wikimedia Commons: page 13 (bottom); © Jnn: page 11;
    Sakura Chihaya: page 12; U.S. Navy photo by
    Photographer's Mate 2nd Class Jonathan R. Kulp:
    page 21; Douglas P Perkins: page 23; www8.cao.go.jp/
    intro/kunsho/english/bunka.html: page 25 (top);
    katorisi: page 27

ÍNDICE

Bienvenido a Japón

Japón es un país en el Océano Pacífico formado por muchas **islas** cercanas unas de otras. También hay muchas montañas en Japón. Los japoneses viven en la tierra plana que hay entre las montañas. Japón tiene 127 millones de **habitantes**. Esto es mucha gente viviendo en un área casi del tamaño del Estado de Montana.

Muchos japoneses siguen la moda de Estados Unidos. La conocen como «estilo occidental».

La mayoría de los japoneses vive en ciudades grandes y modernas. Festejan su cultura con festivales y celebraciones durante todo el año. Durante estas celebraciones y festivales, muchos siguen **antiguas** tradiciones que se les han enseñado durante miles de años. Las tradiciones son creencias y costumbres que se transmiten de los **antepasados**.

¿Sabías qué?
Una reverencia se utiliza para mostrar **respeto**, dar las gracias, disculparse o demostrar afecto.

Tradiciones religiosas en Japón

En Japón existen dos religiones principales: sintoísmo y budismo. Los japoneses festejan algunos festivales y celebraciones de distintas maneras según la religión que practiquen. La religión sintoísta enseña que todas las cosas que forman parte de la naturaleza, como el Sol, las montañas, los ríos y todos los seres vivientes, tienen un **espíritu**. Los japoneses rezan a estos espíritus para protegerlos de cualquier daño. Durante las fiestas religiosas, los japoneses visitan algún santuario sintoísta para celebrar.

Los templos budistas suelen tener techos grandes e inclinados.

Los templos sintoístas son construidos comúnmente en montañas o cerca de ríos, y se cree que dentro de ellos vive un espíritu natural.

Los japoneses que siguen la religión budista creen en un Dios cuyas enseñanzas llegaron a través de un mensajero llamado Buda. En Japón, se pueden observar esculturas de Buda talladas en rocas en las montañas. Festivales como el Festival de las Flores (ve las páginas 16 y 17) son budistas.

Celebraciones familiares

Hace más de 50 años, la mayoría de los matrimonios en Japón eran arreglados. Esto quiere decir que los padres elegían con quién se casaban sus hijos. Ahora, los japoneses eligen con quién casarse. Las novias suelen usar vestido blanco y maquillaje pálido. Muchas veces utilizan tocados tradicionales blancos que rodean su cabeza.

La novia japonesa viste de blanco para mostrar pureza. El novio suele vestir un tradicional **kimono** negro.

Hace mucho tiempo, era una tradición celebrar el cumpleaños de todos los japoneses el 1 de enero. Todos cumplían un año más el día de Año Nuevo. La verdadera fecha de nacimiento de cada persona no era tan importante. Ahora, los japoneses celebran sus cumpleaños el día real de su nacimiento. Las tradiciones han cambiado y los cumpleaños se celebran ahora del mismo modo que en América del Norte.

¿Sabías qué?
Los japoneses utilizan palillos para comer. Los palillos son de madera, largos y delgados.

Los japoneses han tomado algunas tradiciones de América del Norte, tales como compartir una torta de cumpleaños en ese día especial.

Año Nuevo en Japón

El Año Nuevo es el día más importante en Japón. Es una celebración **nacional**. Los japoneses descansan del trabajo el 1 de enero y los niños no van a la escuela ese día. Muchos negocios y escuelas cierran durante tres días. Este día, los niños suelen recibir dinero como regalo.

En el castillo de Shurijo, en Okinawa, Japón, se representa la ceremonia tradicional de Año Nuevo en donde el rey, la reina y la familia real están presentes.

La gente en Japón termina su trabajo y paga sus cuentas antes del día de Año Nuevo para comenzar el año sin preocupaciones. También limpian sus casas antes del día de Año Nuevo. Los japoneses cocinan la cena de Año Nuevo antes de este día para no tener que cocinar ese mismo día. Las personas en Japón creen que lo que una persona haga el día de Año Nuevo, afectará el siguiente año.

¿Sabías qué?
Una tradición popular en Japón para el Año Nuevo es enviar tarjetas postales llamadas *nengajō* a las familias y amigos.

Festival de Primavera

El Festival de Primavera se llama *Setsubun* en japonés. Es un festival muy antiguo en el que se celebra la llegada de la primavera. Cada año se celebra el día anterior a que comience la primavera, que puede ser el 3 o el 4 de febrero. No es un día de fiesta nacional. Los japoneses no tienen este día libre en la escuela o en el trabajo.

En la tarde del Setsubun los japoneses comen un rollo llamado *Eho-Maki*, o rollos de la suerte. Estos rollos se comen en dirección de la brújula de la suerte, que es determinada según el símbolo del **zodiaco** de cada año.

Durante el festival, la gente avienta frijoles a quienes estén usando máscaras de demonio y les gritan: «Felicidad adentro, demonios fuera».

¿Sabías qué?
Después de aventarlos, los japoneses recogen el mismo número de frijoles de la edad que tienen ¡y se los comen!

El *Setsubun* es conocido como el festival en el que se avientan frijoles. Esta tradición comenzó hace miles de años. La gente aventaba frijoles para ahuyentar a los malos espíritus. Ahora, las ceremonias en donde se avientan frijoles se llevan a cabo en templos o santuarios.

Algunas veces, se invita a personas importantes o celebridades a los templos en donde se avientan frijoles, dulces o pequeños sobres con dinero.

Festival de las Muñecas

En Japón, las niñas tienen su propio festival, y es muy especial. El 3 de marzo se celebra el Festival de las Muñecas o Hina Matsuri. *Matsuri* significa festival en japonés. El Festival de las Muñecas tiene miles de años y celebra la felicidad y la salud de todas las niñas.

Algunas colecciones de muñecas tienen unas muy especiales que han sido heredadas de los antepasados.

Actualmente en Japón, durante el Festival de las Muñecas las niñas presentan o **exhiben** la colección de muñecas de la familia. Las niñas visten y decoran estas especiales muñecas. Muchas veces, las niñas japonesas visten sus kimonos y se reúnen para jugar. Celebran con comida muy tradicional, como torta y galletas de arroz.

Durante el Festival de las Muñecas, las niñas se visten con sus tradicionales kimonos.

Festival de las Flores

El Festival de las Flores de Japón es un festival religioso. Se celebra el 8 de abril, que es el día del cumpleaños de Buda, que fue un profeta, o mensajero, de Dios. Buda vivió hace miles de años. Él fue quien comenzó la religión llamada budismo.

¿Sabías qué?
El Festival de las Flores se lleva a cabo durante la primavera, cuando las flores crecen en los árboles de cerezo. Es por esto que se le llama Festival de las Flores.

Durante el Festival de las Flores, los japoneses decoran estatuas de Buda y las llevan a templos budistas en donde son **veneradas**. Una de las tradiciones es poner un poco de té dulce sobre la cabeza de Buda como si fuera un bebé recién nacido.

En Japón, hacer arreglos con flores es una forma de arte. Se le llama ikebana y debe hacerse en silencio para poder apreciar la belleza de la naturaleza.

Semana Dorada

La Semana Dorada consiste en varios días festivos en Japón: comienza el 29 de abril y termina el 5 de mayo. Son días en los que, en todo el país, los japoneses no asisten al trabajo y los niños no van a las escuelas.

Muchas personas salen de viaje durante la Semana Dorada porque tienen varios días festivos seguidos.

El primer día de fiesta de la Semana Dorada se llama Día de Showa. Este día se celebra porque es el cumpleaños del **emperador** Showa. El 3 de mayo es el Día de la Constitución en Japón. La constitución es un conjunto de leyes que regulan un país. El 4 de mayo es el Día Verde. Tal como suena, es el día en el que se celebra la naturaleza y el **medio ambiente**. El 5 de mayo es el Día de las Niñas y los Niños. Hace mucho tiempo, se celebraba como el Día de los Niños únicamente, pero ahora celebran a todos los niños y niñas de Japón.

¿Sabías qué?
Los muñecos de guerreros samurái y los cometas de peces carpa se usan en Japón como decoración el Día de las Niñas y los Niños.

Festival Obon

El Festival Obon en algunas ocasiones se celebra del 13 al 15 de agosto, y otras veces del 13 al 16 de agosto. Es la segunda celebración más grande en Japón, y una de las más importantes para pasar tiempo con la familia. Muchas personas se toman estos días para viajar a su ciudad natal o pasar tiempo con sus familiares. Los japoneses creen que los espíritus de los familiares que ya murieron regresan en estos días a su casa. Algunas personas visitan las tumbas de sus familiares para limpiar el lugar y llamarlos a casa.

Para ayudar a los espíritus a encontrar el camino, se ponen luces cerca de las puertas, entradas o dentro de las casas.

Durante la última noche del Festival Obon, la gente se reúne para enviar a los espíritus de sus familiares de regreso a descansar. Las luces se prenden y se ponen en el río para que bajen flotando hacia el mar. Se cree que los espíritus viajan con las luces. Durante la noche se organizan también bailes y fiestas al aire libre. Normalmente, los bailes son en parques, jardines, templos o en los santuarios, y la gente se viste con sus kimonos.

¿Sabías qué?
A veces, al Festival Obon también se le llama Festival de Verano porque se celebra justo a la mitad del verano. Algunas personas dan regalos en estas fechas a personas especiales de su vida.

El Festival Obon también es conocido como Festival de los Faroles. Los faroles son usados para guiar a los espíritus a su casa y de regreso, como podemos ver en esta foto en Sasebo, en la prefectura de Nagasaki, Japón.

Día de la Salud y los Deportes

Los japoneses saben que es importante mantenerse sano y fuerte. Y se lo han tomado tan en serio que incluso celebran un día llamado Día de la Salud y los Deportes. Cada año cae en fechas diferentes, pero siempre se celebra el segundo lunes de octubre. El Día de la Salud y los Deportes es una fiesta nacional. Esto quiere decir que la mayoría de la gente tiene el día libre en el trabajo, y los niños de la escuela.

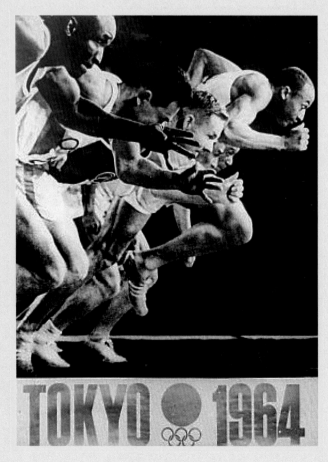

¿Sabías qué?
El Día de la Salud y los Deportes se celebra para recordar las Olimpiadas de Verano que se llevaron a cabo en octubre de 1964 en Tokio.

El Día del Deporte, como
a veces se le dice, es una
celebración que comenzó en
1966. En algunas ciudades
en Japón, la gente organiza
desfiles por equipos. Estos equipos
compiten en eventos deportivos
similares a las competencias
olímpicas. Los niños participan en
actividades físicas como juegos con
pelota, gimnasia y juegos con soga.

Algunas escuelas
en Japón hacen
sus actividades al
aire libre cada año
durante este día.

Día de la Cultura

Los japoneses celebran su cultura y tradiciones con una fiesta a la que le llaman Día de la Cultura. Es una fiesta nacional que se celebra el 3 de noviembre de cada año. La mayoría de la gente tiene el día libre en el trabajo y los niños no asisten a la escuela. El primer Día de la Cultura se celebró en 1946. Es una celebración moderna que también ayuda a los japoneses a recordar sus antiguas tradiciones.

Los japoneses participan en una competencia de tiro con arco en el Día de la Cultura, en Tokio, Japón.

En el Día de la Cultura, se motiva a los japoneses a celebrar la cultura japonesa. Muchos asisten a presentaciones de danza o arte. En las ciudades grandes se llevan a cabo desfiles y festivales. Mucha gente se viste con los tradicionales kimonos. También es un día en el que se hace entrega de premios o reconocimientos a artistas y estudiantes japoneses.

La Orden de la Cultura es un reconocimiento que entrega el emperador de Japón a una persona que ha contribuido a la ciencia, las artes o la cultura de Japón.

Festival 7-5-3

Los niños en Japón celebran cuando cumplen 7, 5 y 3 años de edad. A esto se le llama Festival 7-5-3 y se lleva a cabo el 15 de noviembre. Algunos años se celebra el fin de semana más cercano al 15 de noviembre. Este día, los niños sí asisten a la escuela, y las personas al trabajo.

Este día, las niñas y niños japoneses se visten con su mejor ropa o usan kimonos tradicionales.

¿Sabías qué?
En Japón, se cree que los números impares como el siete, el cinco y el tres son de buena suerte.

A los niños que celebran el Festival 7-5-3 se les dan «caramelos de mil años», que son palitos dulces rojos y blancos.

¿Sabías qué?
En Japón, al Festival 7-5-3 se le llama también Shichi-go-san. En japonés, *shichi* significa siete, *go* significa cinco y *san* significa tres.

El Festival 7-5-3 es una celebración religiosa en la que niñas y niños japoneses y sus padres van a santuarios sintoístas para recibir bendiciones especiales. Rezan para tener buena salud y para que sus hijos tengan una larga vida. Los niños también reciben palitos de caramelo rojos y blancos llamados «caramelos de mil años». Estos caramelos se dan a los hijos para desearles una larga vida.

Día del Trabajo y Acción de Gracias

En Japón, el Día de Acción de Gracias es un festival que se celebra durante la temporada de **cosecha**, y se lleva a cabo el 23 de noviembre de todos los años. A veces se le llama Día del Trabajo y Acción de Gracias. En esta fiesta nacional, muchos tienen el día libre en el trabajo y los niños no asisten a la escuela.

¿Sabías qué?
Muchos estudiantes jóvenes les hacen regalos a los policías locales para agradecerles el trabajo que hacen para mantener la ciudad segura.

El Día del Trabajo y Acción de Gracias es una celebración muy antigua. Hace mucho tiempo, las personas daban gracias por los cultivos, como el de arroz. Por miles de años, el emperador de Japón celebraba con una ceremonia religiosa para dar gracias por las cosechas de arroz. Ahora, las personas también celebran el trabajo que hacen durante todo el año. Las familias disfrutan juntas el día libre. Algunos visitan los festivales que se hacen en ciudades como Nagano.

Una niña observa la exposición de vegetales en un santuario de Tokio para celebrar la cosecha del año en el Día del Trabajo y Acción de Gracias.

Cumpleaños del emperador

Los japoneses celebran el cumpleaños del emperador que está en el poder. El emperador es la persona que gobierna Japón. El cumpleaños del emperador se ha celebrado desde hace miles de años. Ahora, es celebrado como una fiesta nacional. Mucha gente tiene el día libre en el trabajo y la escuela.

El emperador anterior de Japón era el emperador Akihito. Fue emperador de 1989 a 2019.

En su época, el cumpleaños del emperador se celebraba el 23 de diciembre, el día en el que nació el emperador Akihito. Este día, las puertas del Palacio Imperial estaban abiertas. Miles de personas ondeaban banderas japonesas y le deseaban un feliz cumpleaños. El emperador saludaba a la gente desde el balcón del palacio.

El emperador Akihito saluda a los japoneses desde el balcón del Palacio Imperial el día de su cumpleaños.

Glosario

antepasados: Familiares que estuvieron vivos en el pasado.

antiguas: Algo que existió hace miles de años.

cosecha: La temporada en la que se recolecta la siembra.

emperador: Quien dirige un imperio, país o una nación.

espíritu: El alma de una persona que murió.

exhiben: Que muestran algo para que los demás lo puedan ver.

habitantes: El número de personas que viven en un lugar.

islas: Un pedazo de tierra rodeada por agua.

kimono: Vestido o túnica tradicional con mangas muy anchas y un cinturón.

medio ambiente: El entorno de una persona.

nacional: Lo que tiene que ver con un país o nación.

respeto: Que se trata a una persona con mucha consideración.

veneradas: Que son muy respetadas, de acuerdo con las tradiciones de una religión.

zodiaco: Un cinturón imaginario en el cielo, que está dividido en 12 partes.

Índice analítico